EDICIÓN ORIGINAL

Redacción: Agnès **Vanderviele**, Michèle **Lancina**
Dirección editorial: Françoise **Vibert-Guigue**
Edición: Brigitte **Bouhet**
Dirección artística, concepción gráfica y realización:
F. **Houssin** o C. **Ramadier** para **Double**, París.
Dirección de la publicación: Dominique **Korach**

EDICIÓN ESPAÑOLA

Dirección editorial: Jorge **Induráin Pons**
Coordinación editorial: Àngels Casanovas Freixas
Realización: José M.ª **Díaz de Mendívil**
Cubierta: Francesc **Sala**

© 2005 Larousse
© 2020 LAROUSSE EDITORIAL, S.L.
c/ Rosa Sensat, 9-11, 3.ª planta – 08005 Barcelona
Tel.: 93 241 35 05
larousse@larousse.es – www.larousse.es
facebook.com/larousse.es – @Larousse_ESP

ISBN: 978-84-17720-93-3
Depósito legal: B-27064-2019
3E3I

PAPEL DE FIBRA
CERTIFICADA

Reservados todos los derechos. El contenido de esta obra está protegido por la Ley, que establece penas de prisión y/o multas, además de las correspondientes indemnizaciones por daños y perjuicios, para quienes reprodujeren, plagiaren, distribuyeren o comunicaren públicamente, en todo o en parte y en cualquier tipo de soporte o a través de cualquier medio, una obra literaria, artística o científica sin la preceptiva autorización.

COLECCIÓN MINI LAROUSSE

El Universo

Ilustraciones de **Anaïs Massini**

LAROUSSE

El **día** y la **noche**

Por la mañana, el Sol sale siempre por el mismo lado (el **este**).

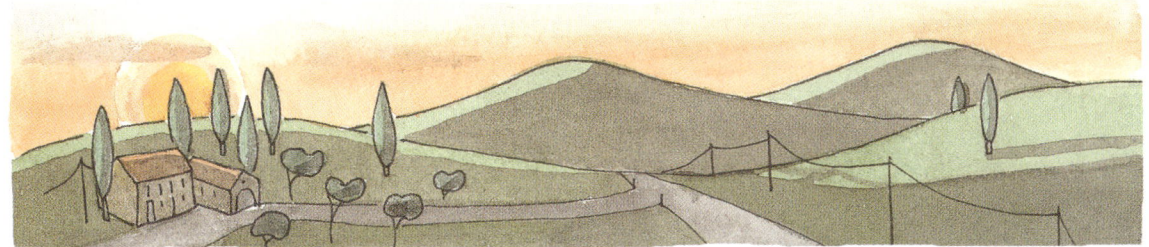

Luego sube en el cielo, baja y se pone por el otro lado (el **oeste**).

Cuando el Sol se pone, se hace de **noche**.
Aparecen las estrellas.

Se dice que el Sol **sale** y **se pone** pero, en realidad, no es el Sol lo que se mueve: es la Tierra la que da vueltas delante del Sol.

La Tierra tarda un **día** y una **noche** en dar una vuelta completa sobre sí misma.

Haz girar una naranja delante de una lámpara. La luz **ilumina** primero un lado, que se va quedando en la **sombra** mientras sigues dando la vuelta a la naranja.

Un **año** de *viaje*

La Tierra también da vueltas alrededor del Sol.
Tarda **12 meses** en dar una vuelta completa al Sol.

La Tierra hace **cada año**
el mismo viaje **alrededor del Sol**.
Sin embargo, en la Tierra no lo notamos.
Solo vemos cómo van cambiando las **estaciones**.

Las **estaciones** de la Tierra

A lo largo de un año, en la Tierra no hace siempre el mismo tiempo.
En donde nosotros vivimos, hay **4 estaciones**.

Hace frío en **invierno**... ... luego más calor en **primavera**...

La Tierra gira como una peonza y está un poco **inclinada**.

El Sol no siempre calienta la Tierra de la misma forma mientras ésta va dando la vuelta a su alrededor. Por eso existen las **estaciones**.

... mucho calor en **verano**...

... y fresco en otoño.

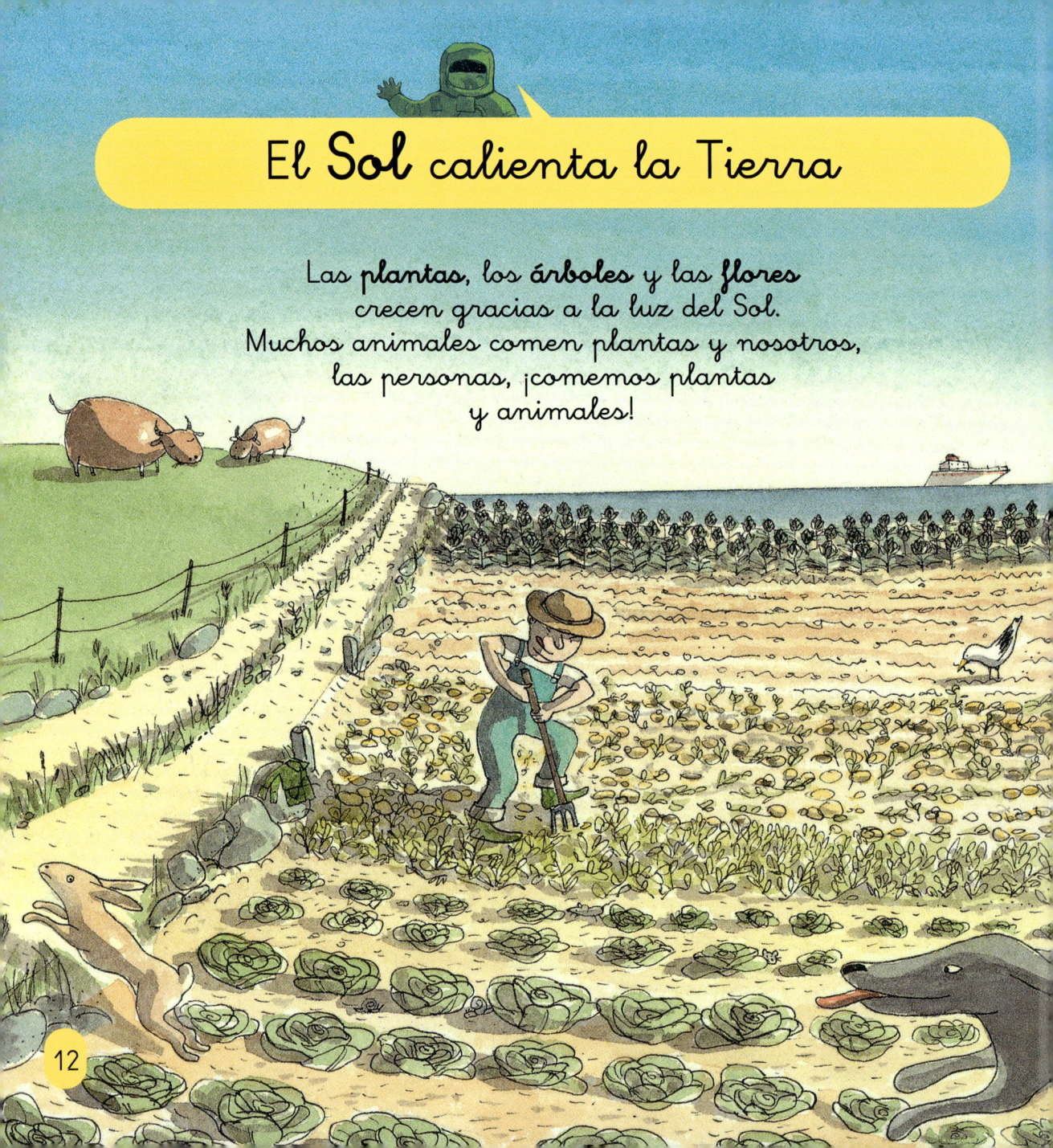

El Sol calienta la Tierra

Las **plantas**, los **árboles** y las **flores** crecen gracias a la luz del Sol. Muchos animales comen plantas y nosotros, las personas, ¡comemos plantas y animales!

El Sol es mucho **más grande** que la Tierra. Es tan grande que, en su interior, ¡cabrían **un millón** de Tierras!

Si no existiese el Sol, la Tierra sería una **bola fría, desierta y sin vida** que giraría totalmente a oscuras.

El Sol es una **bola enorme de gases** que arden todo el rato, al igual que ocurre en las **estrellas**.

La Tierra, nuestro planeta

Desde el espacio, la Tierra parece una gran bola azul porque hay muchos océanos y mares.

La Tierra es **grande** aunque no demasiado: un avión tarda menos de dos días en dar la vuelta a su alrededor.

La Tierra es el **único planeta habitado**.

En la Tierra hay más **mares** y **océanos** que tierra firme.

Todos los habitantes de la Tierra pueden permanecer de **pie sobre el suelo**...

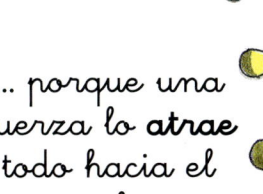

... porque una fuerza lo **atrae** todo hacia el suelo.

La Luna

La mayoría de las noches vemos cómo la Luna aparece en el cielo.

La Luna es **4 veces** más **pequeña** que la Tierra.

La Luna **gira** alrededor de la Tierra.
Y las dos giran alrededor del Sol.
En un año, la Luna da **12 vueltas** alrededor de la Tierra.

La Luna no siempre está en el mismo **sitio** del cielo.

No siempre tiene la misma **forma**.

A veces, es como un disco iluminado. Es la **luna llena**.

A veces, parece un **cruasán**.

En ocasiones, no se ve.

El **Sol ilumina** la Luna. Sin Sol, no brillaría y no la veríamos.

En la Luna

La Luna **no** está **demasiado lejos** de la Tierra.
Unas personas fueron a la Luna en una **nave espacial**.
Solo necesitaron 4 días para hacer el viaje.

Los astronautas llevan unos trajes especiales
para poder respirar y andar en la Luna

El suelo de la Luna está cubierto de polvo y piedras. Hay cráteres inmensos y montañas.

Los eclipses

Mientras giran, a veces la Luna pasa justo **entre** la Tierra y el Sol.

EL SOL

LA LUNA

LA TIERRA

Entonces, en la Tierra, el Sol desaparece poco a poco escondido tras la Luna.

Es un **eclipse** de Sol.

Luego, el Sol vuelve a **aparecer** poco a poco.

8 planetas alrededor del Sol

Tierra

Mercurio

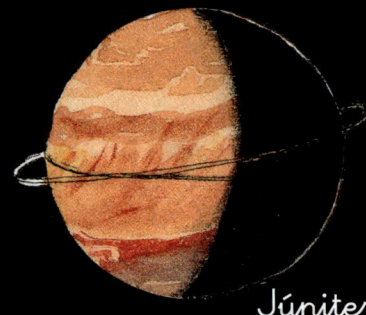
Júpiter

SOL

Venus

Marte

Al igual que la Tierra, los planetas giran
sobre sí mismos y **alrededor del Sol.**

Saturno

Neptuno

Plutón

Urano

El Sol y sus 8 planetas forman una gran familia
que se conoce como **Sistema Solar.**
Plutón se considera un planeta enano.

Planetas muy distintos

Mercurio es el planeta que está más cerca del Sol. Es gris y está quemado por el Sol. Gira muy rápido: tarda 88 días en dar la vuelta al Sol.

Venus está cubierto de volcanes gigantes. Es el planeta más **caliente**.

La **Tierra** es el único planeta donde hay **agua**.

Marte, el planeta **rojo**, es el que más se parece a la Tierra pero hace mucho más frío.

Júpiter es el planeta más **grande**.

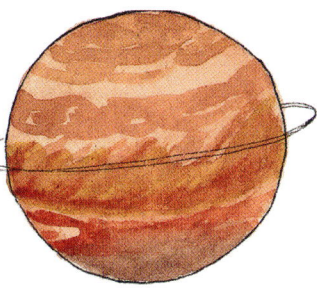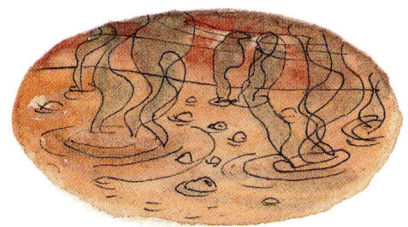

Saturno tiene unos **anillos** preciosos.

Urano está cubierto de **gases**.

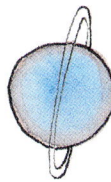

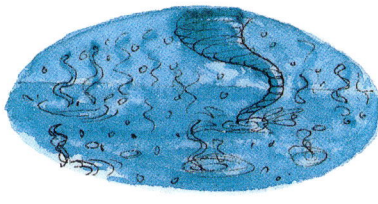

Neptuno es de color azul porque está formado por **gases**.

Plutón es el más pequeño y frío, y el que está más **lejos** del Sol y de la Tierra.

Las piedras del espacio

En el **Sistema Solar** también hay otros objetos, como asteroides y cometas.

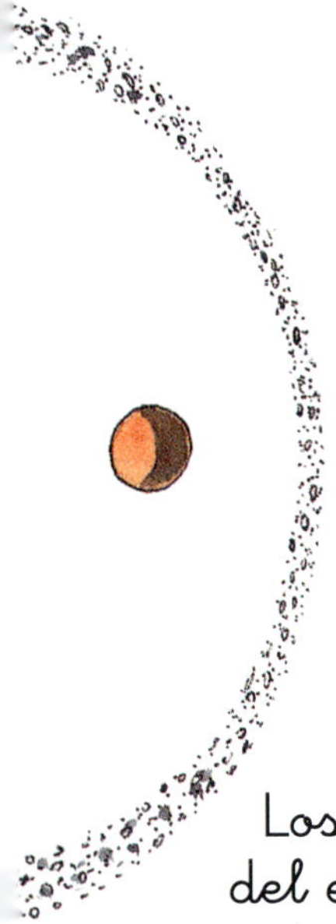

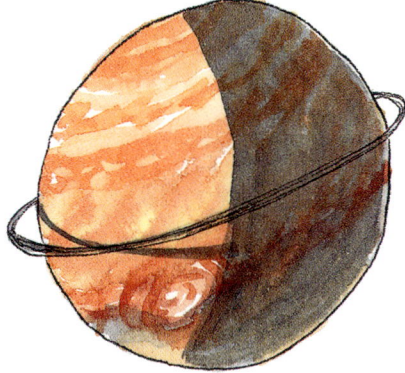

Los **asteroides** son las rocas del espacio. Están entre Marte y Júpiter, y giran todos juntos alrededor del Sol.

En el cielo, a veces se ve un **cometa** con su larga cola de luz. Los cometas son bolas de polvo y hielo que giran alrededor del Sol.

A veces, las piedras del espacio caen sobre la Tierra. Son los **meteoritos**.

Se cree que los dinosaurios desaparecieron por un **meteorito gigante** que cayó en la Tierra.

Las **estrellas fugaces** no son estrellas, sino piedrecitas del espacio que arden cuando se acercan a la Tierra.

Billones de estrellas

En el cielo, podemos ver miles de estrellas. Y en el Universo, hay **billones de estrellas**.

Todas las estrellas nos parecen pequeñas porque están mucho más lejos de la Tierra que el Sol. Pero en realidad son igual de grandes que el Sol y, como este, son enormes **bolas de fuego**. Por eso **brillan**.

Las estrellas forman dibujos en el cielo: son las **constelaciones**. Las más conocidas son la Osa Mayor y la Osa Menor.

Millones de galaxias

En verano, de noche, se puede ver en el cielo una línea blanca. Es la **Vía Láctea**.

La Tierra

La Vía Láctea, que también se llama Camino de Santiago, es un gigantesco **conjunto de estrellas** que están muy cerca unas de otras. Es nuestra **galaxia**. En medio de esos millones de estrellas se encuentran el Sol y la Tierra.

¡Existen miles de millones de **galaxias**! No se pueden contar, pero se sabe que hay galaxias de **todas las formas** imaginables. A menudo, las galaxias se unen y, a veces, chocan unas con otras...

El estudio del Universo

A **simple vista**, solo se pueden ver unos centenares de estrellas y 5 planetas: Venus, Mercurio, Marte, Júpiter y Saturno.

La primera luz que se ve por la noche en el cielo y la última que desaparece por la mañana es el planeta **Venus**, al que se llama **Lucero del alba**.

Con un **telescopio**, se puede ver claramente que las estrellas son rojas, azules, amarillas o blancas.

Muchas veces, los observatorios, que son lugares donde se encuentran los telescopios más grandes, se construyen en las **montañas**, porque el aire es más puro y permite ver mejor las estrellas.

Viajes al Universo

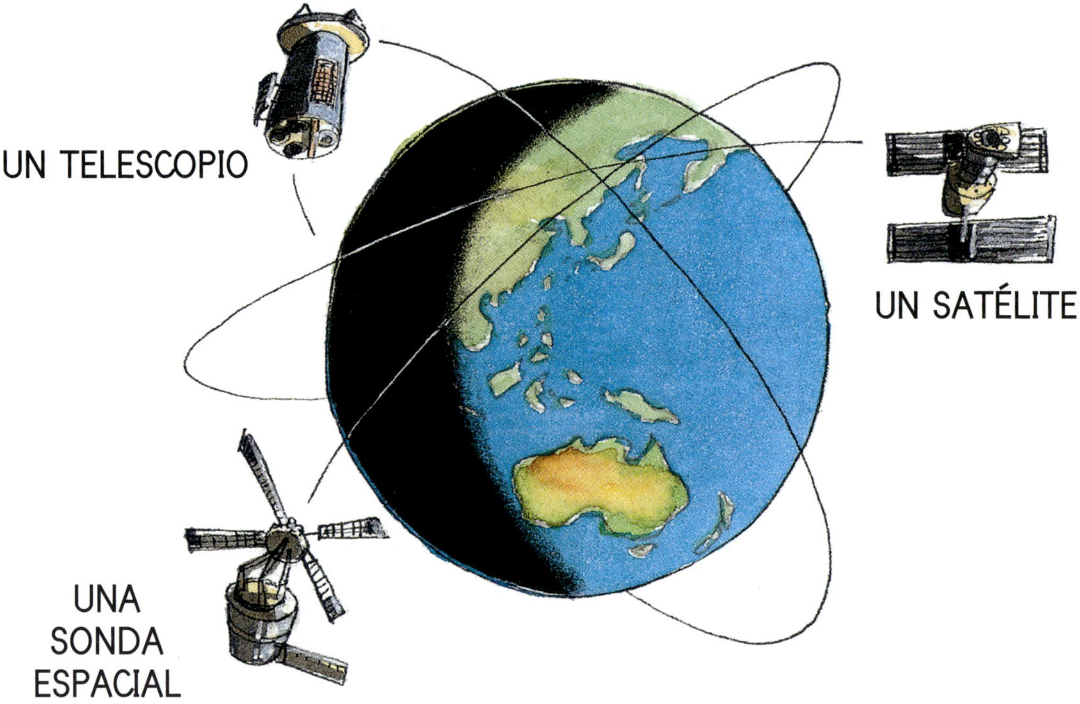

UN TELESCOPIO

UN SATÉLITE

UNA SONDA ESPACIAL

El Universo es enorme. Para explorarlo, los científicos mandan al espacio **telescopios** gigantes, satélites de **observación** que dan vueltas alrededor de la Tierra y **sondas** espaciales que visitan los demás planetas.

Récords

Buena cintura

La **Tierra** es 4 veces más grande que la Luna.

La primera estrella

El planeta **Venus** es conocido como el **Lucero del alba**.

Eclipse de Sol

Un eclipse de Sol dura como mucho **8 minutos**.

El primer **VIAJE** al espacio

El primer ser vivo que hizo un viaje al espacio fue una **perrita** rusa llamada Laika.
Fue en el año 1957.

El primer **HOMBRE** en el espacio

El primer hombre que viajó al espacio fue el ruso **Yuri Gagarin**.
Fue en el año 1961.

En la **LUNA**

El primer hombre que pisó la Luna fue el estadounidense **Neil Armstrong**.
Fue en el año 1969.